Mustang III
Europe 1944–1945

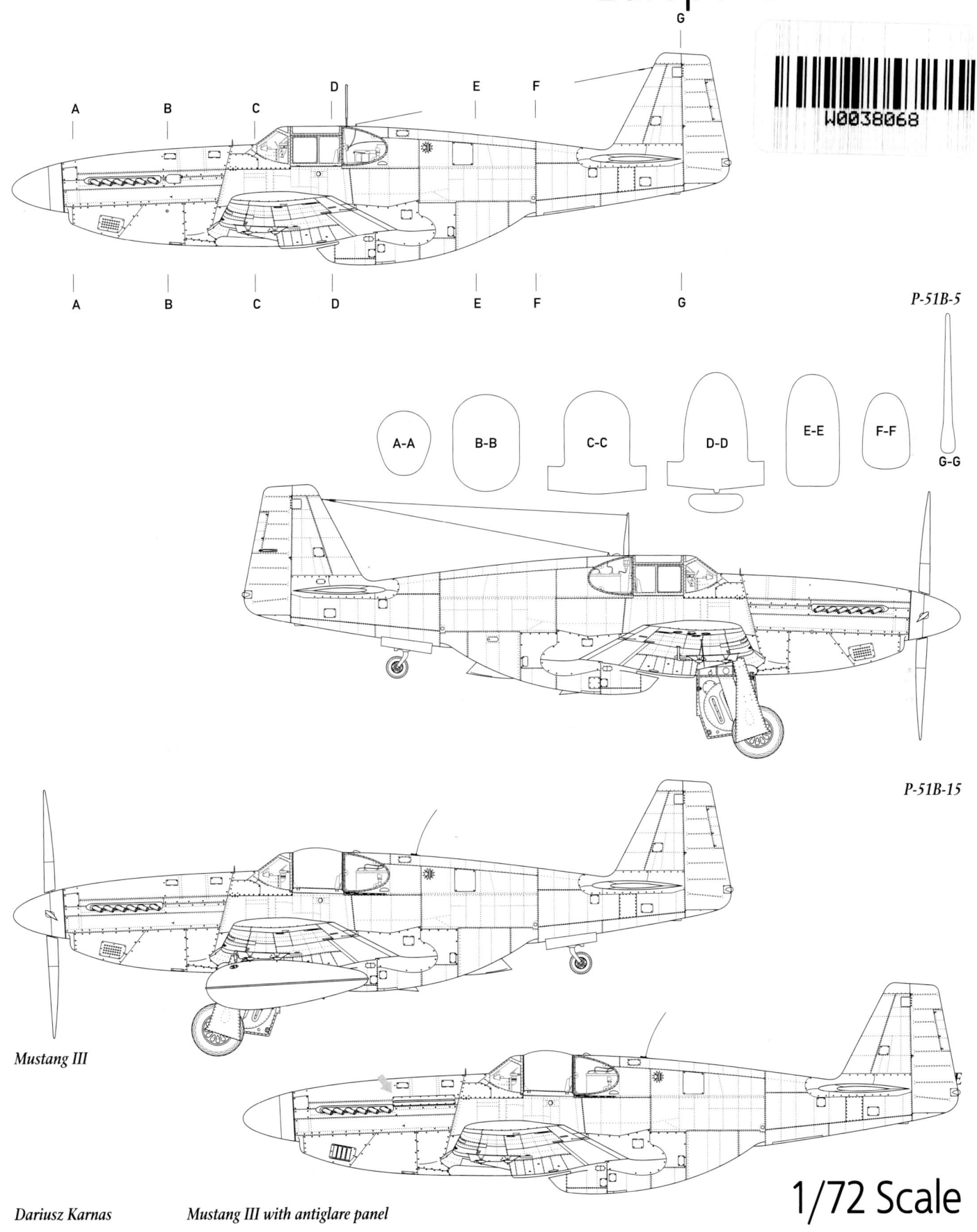

P-51B-5

P-51B-15

Mustang III

Dariusz Karnas

Mustang III with antiglare panel

1/72 Scale

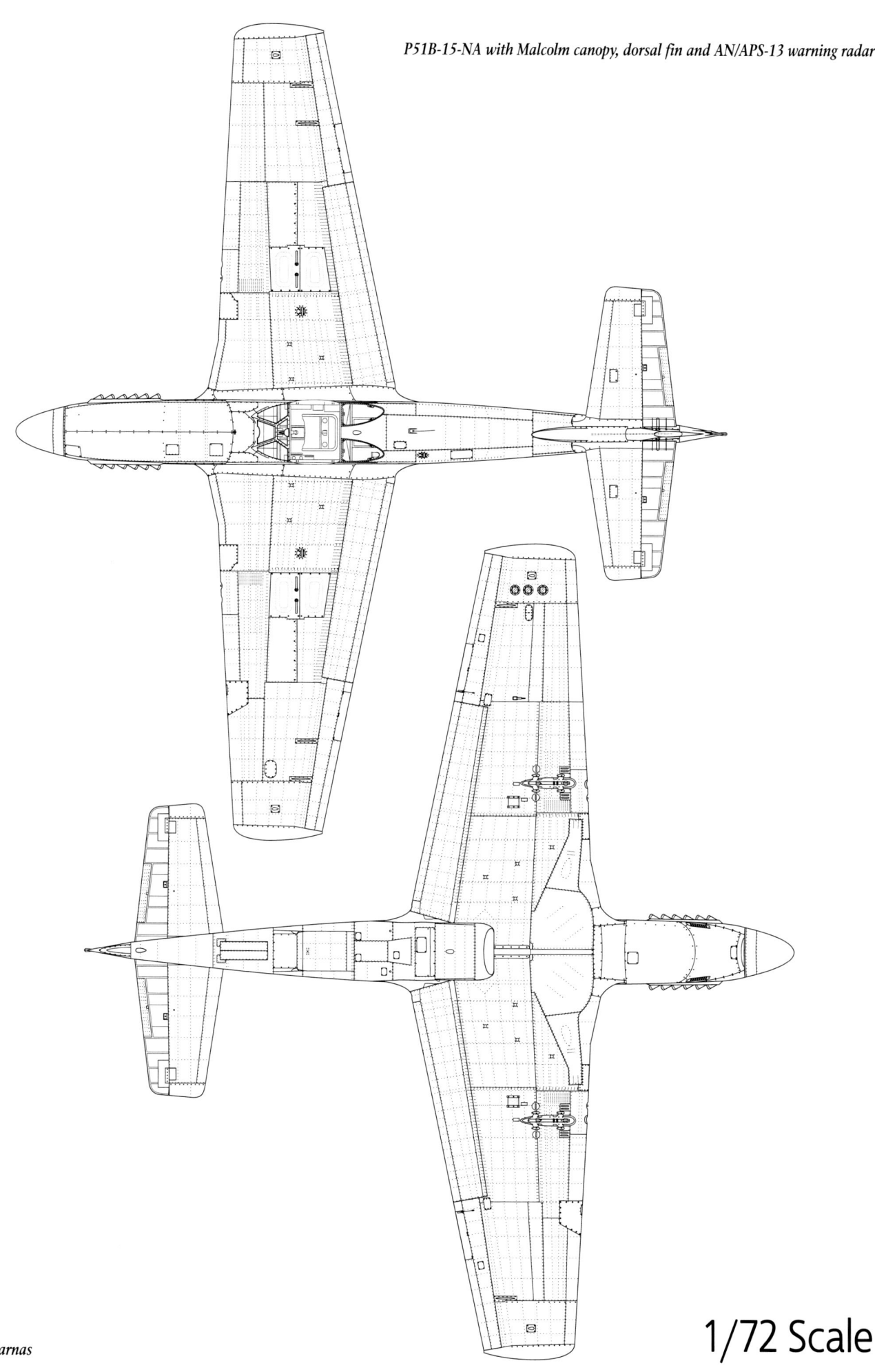

P51B-15-NA with Malcolm canopy, dorsal fin and AN/APS-13 warning radar

1/72 Scale

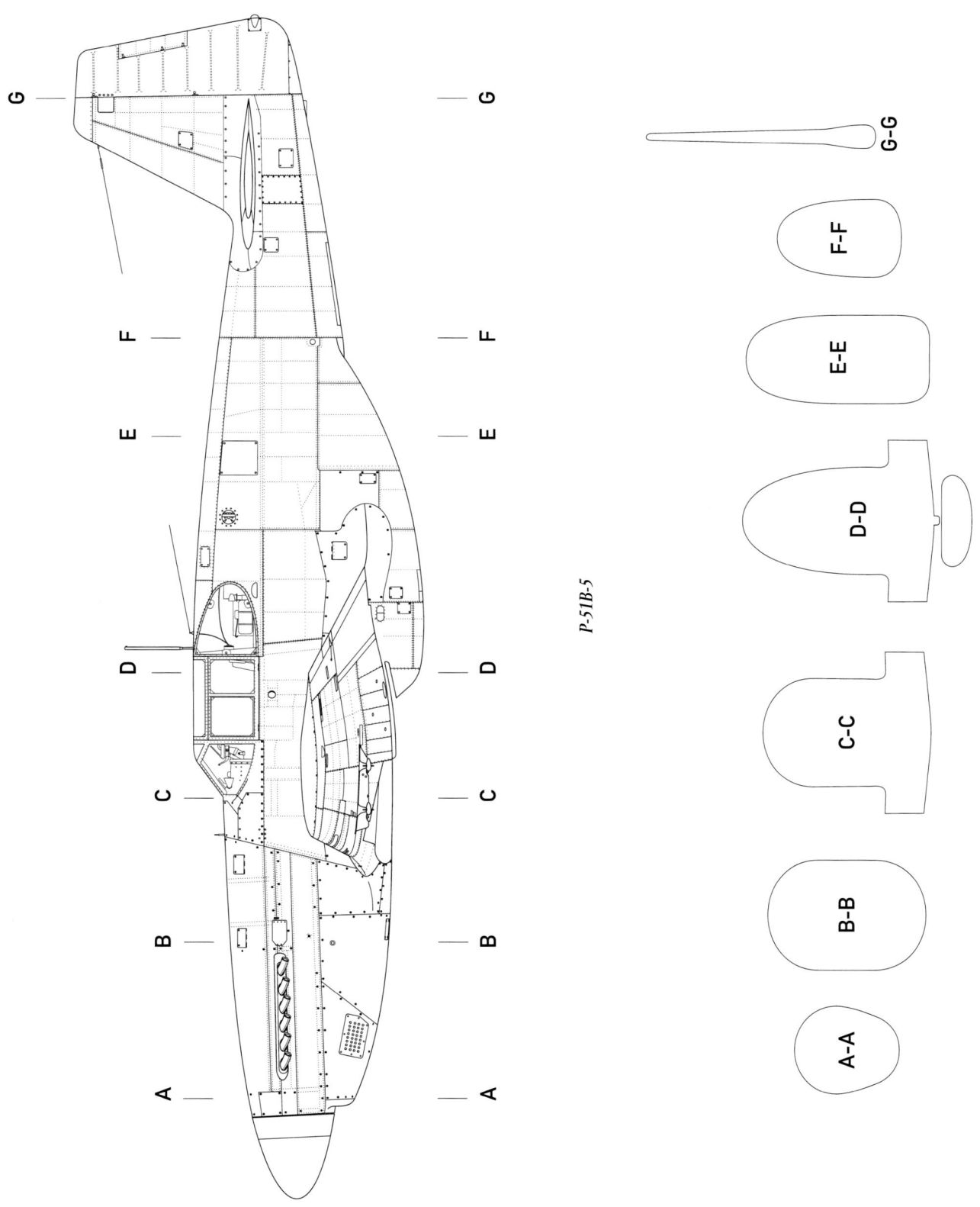

G G

F F

E E

D D

C C

B B

A A

P-51B-5

G-G

F-F

E-E

D-D

C-C

B-B

A-A

Dariusz Karnas

1/48 Scale

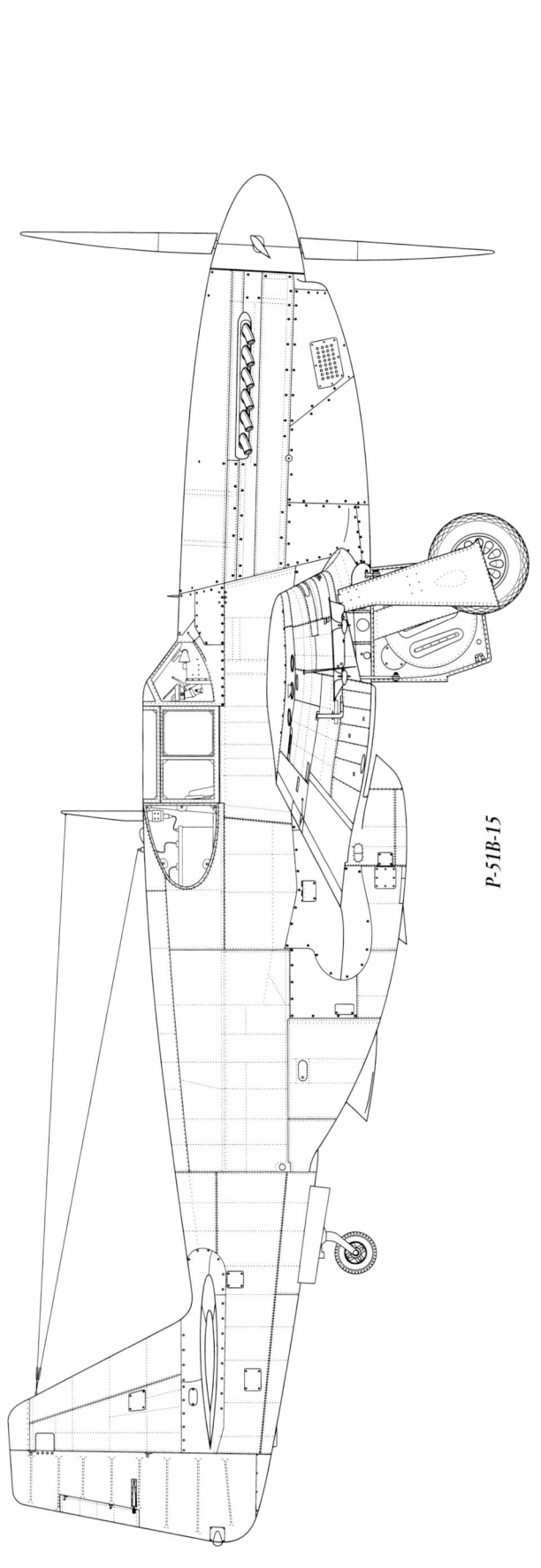

P-51B-15

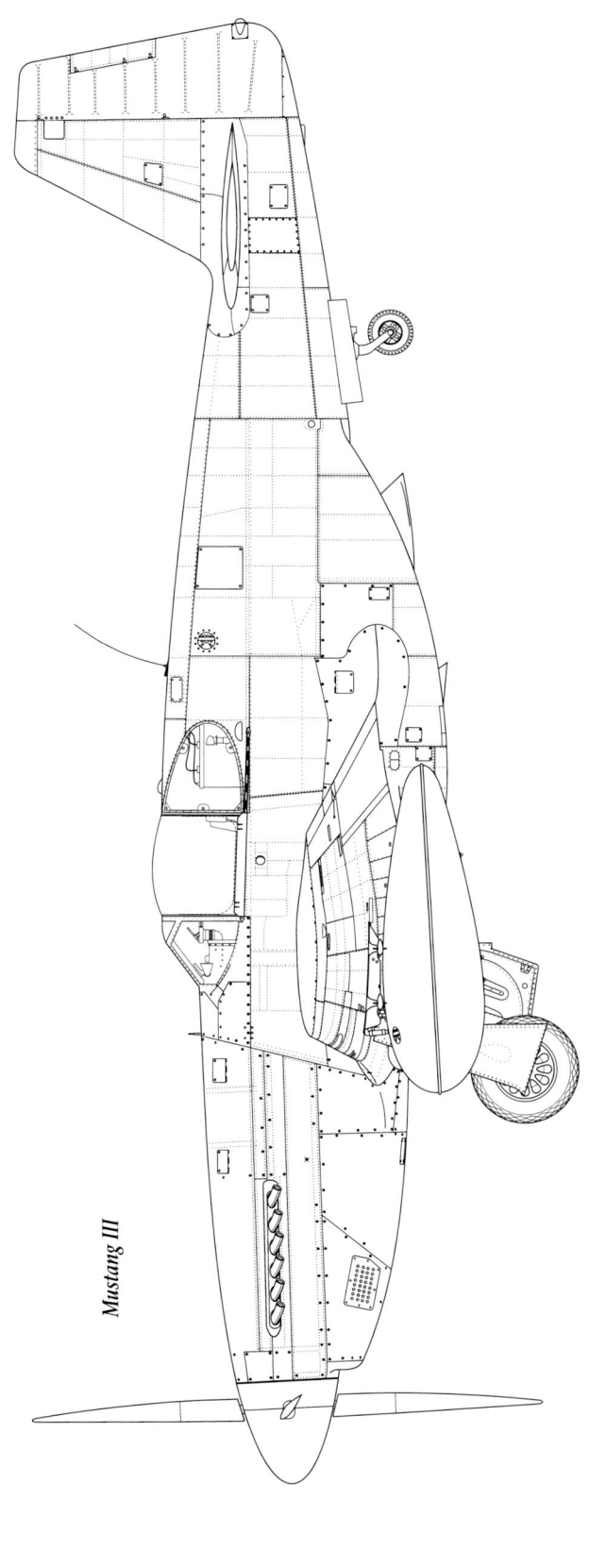

Mustang III

1/48 Scale

Dariusz Karnas

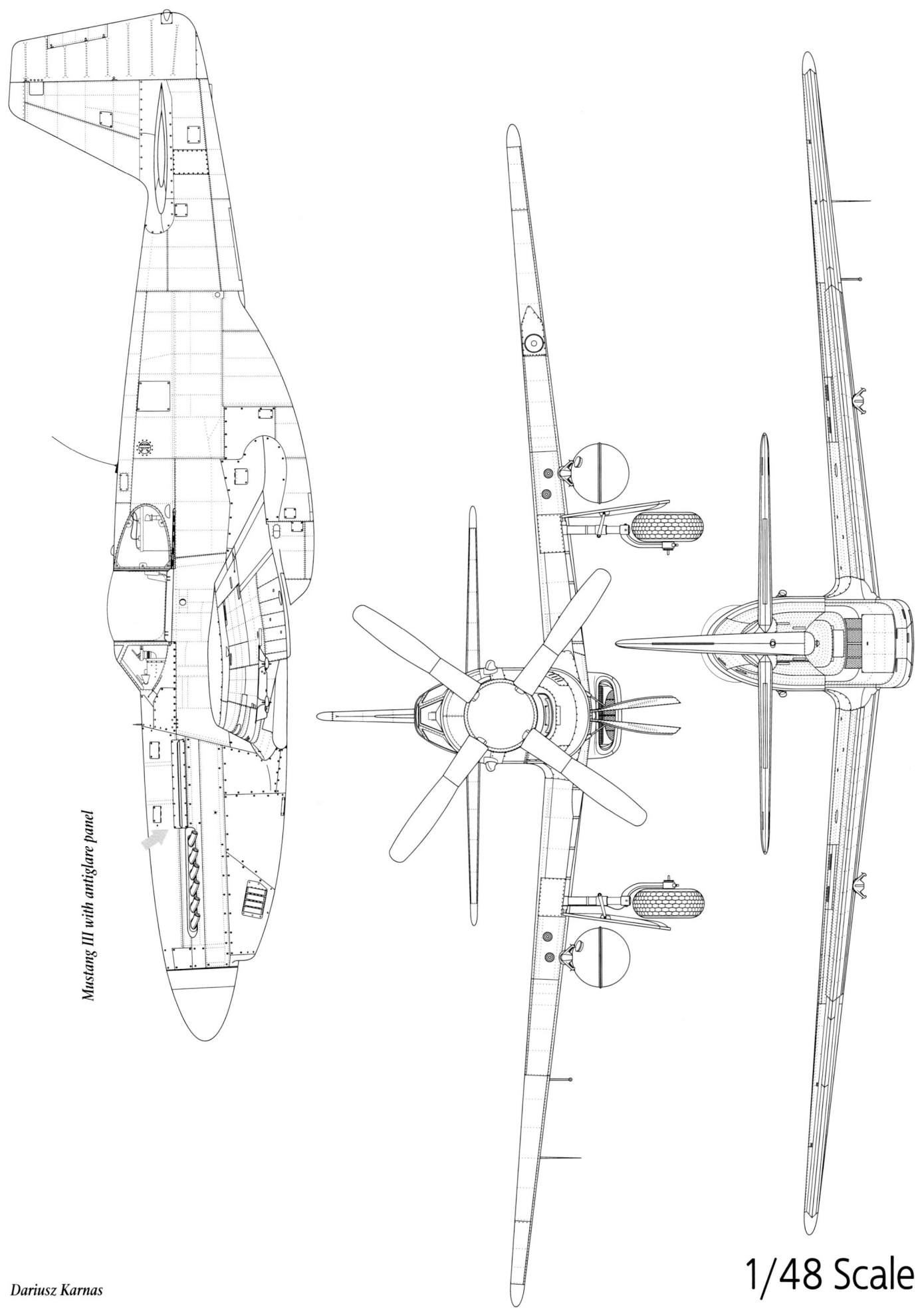

Mustang III with antiglare panel

Dariusz Karnas

1/48 Scale

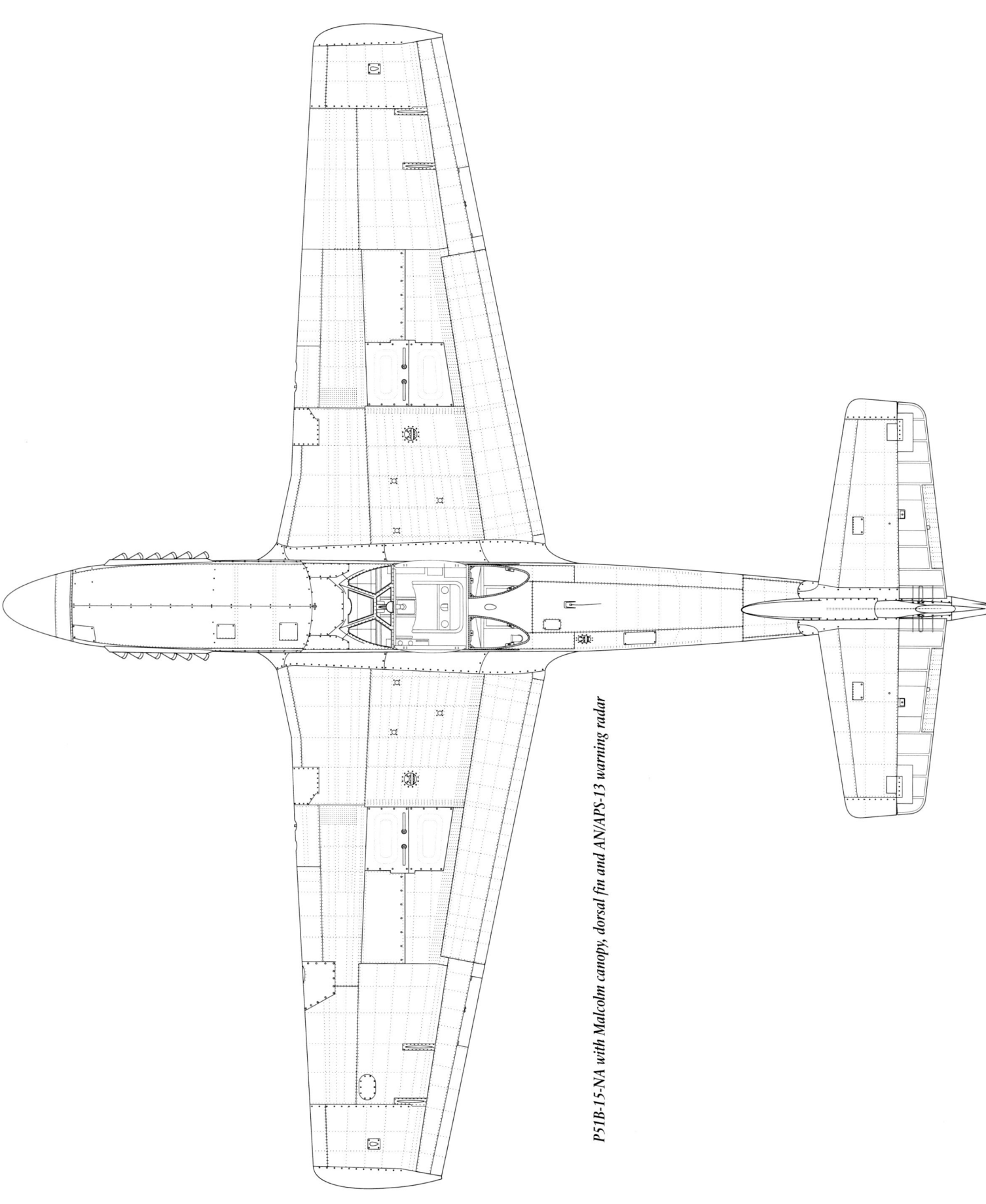

P51B-15-NA with Malcolm canopy, dorsal fin and AN/APS-13 warning radar

1/48 Scale

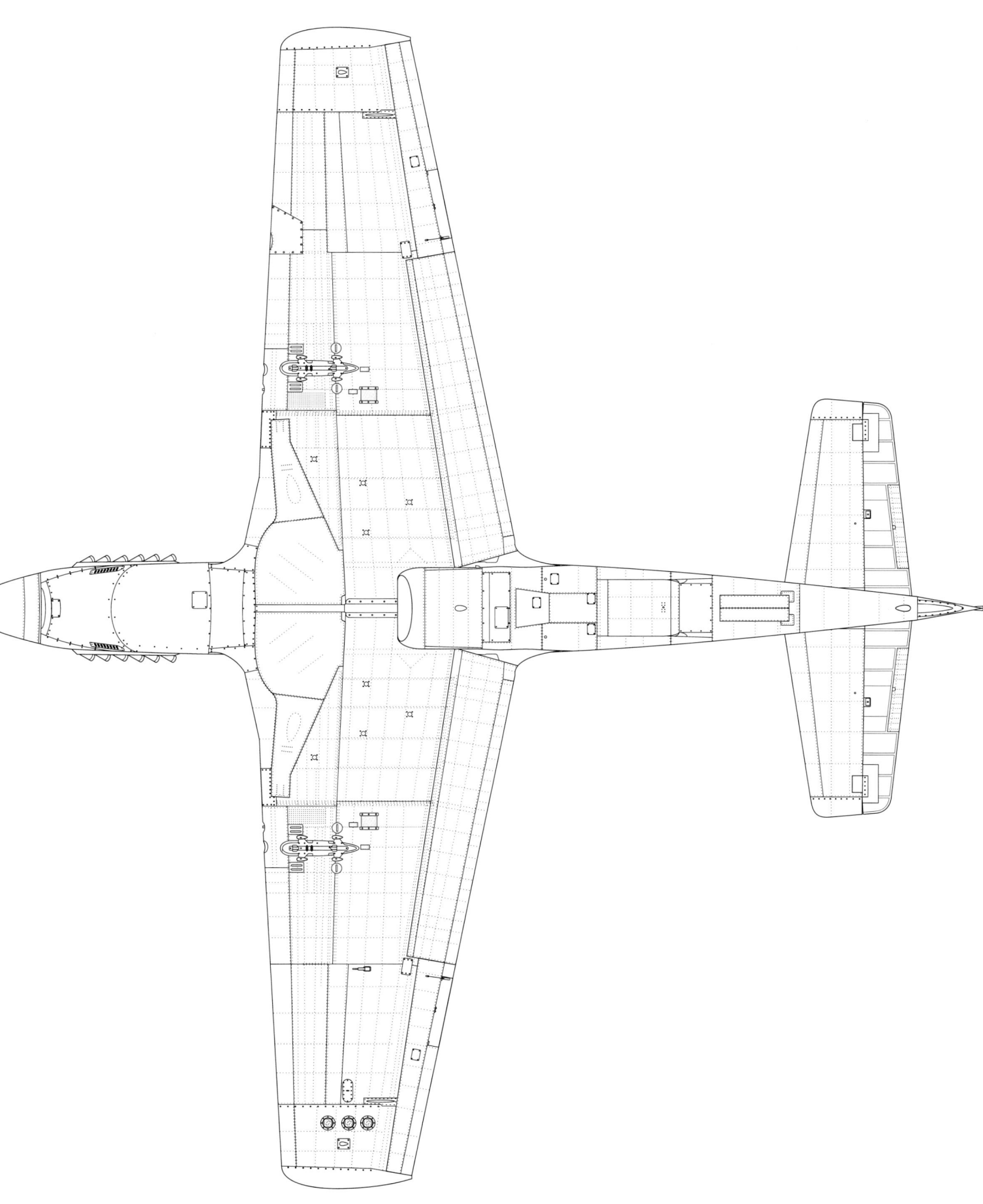

1/48 Scale

Mustang III, serial FB182, built as P-51C-1-NT, s/n 42 – 103076 and then rebuilt to reconnaissance version. Aircraft belonged to 541 Squadron, June/July 1945.

● Aircraft PRU Blue overall with RAF markings and D-Day stripes. Fuselage tank not installed.

Mustang III, serial FX893, built as P-51B-1-NA, s/n 43-12382, during tests with British rocket rails.

● Aircraft in standard RAF camouflage of Dark Green, Ocean Grey and Medium Sea Grey. Standard RAF markings of the period. Fuselage tank not installed.

Artur Juszczak

Mustang III, serial FB328, (P-51C-1-NT, s/n 42-103258), 112 Squadron RAF, Italy, 1944.

● Standard RAF camouflage. Upper surface camouflage colours: Ocean Grey and Dark Green; under surface colour: Medium Sea Grey. Standard British national markings.

Mustang III, serial FX865, (P-51B-1-NA, s/n 43-12317), YT-P of 65 Squadron RAF, August 1944.

● Usually flown by F/Lt John, "Maxwell" Wauchope. Note that this P-51B-1-NA received sand air filters under engine, during overhaul. Standard RAF camouflage and markings. Upper surface camouflage colours: Ocean Grey and Dark Green; under surface colour: Medium Sea Grey. Standard British national markings. Fuselage tank not installed.

Artur Juszczak

Artur Juszczak

Mustang III, serial FB113, (P-51B-5-NA, s/n 43-6672), QV-H of 19 Squadron RAF, 1944.

● Standard RAF camouflage and markings. Upper surface camouflage colours: Ocean Grey and Dark Green; under surface colour: Medium Sea Grey. Standard British national markings.

Mustang III, serial HB866, (P-51C-5-NT, s/n 42-103715), JZ. Personal aircraft of W/Cdr Jan Zumbach when he led 2nd Polish Wing (No. 133 Wing).

● Standard RAF camouflage and markings. Upper surface camouflage colours: Ocean Grey and Dark Green; under surface colour: Medium Sea Grey. Standard British national markings. Polish national marking on both sides of forward fuselage, with 'POLAND' stencil below.

Mustang III, serial FB382, (P-51C-5-NT, s/n 42 – 103532), PK+G of 315 Polish Squadron, personal aircraft of S/Ldr Eugeniusz Horbaczewski, summer 1944.

● Standard RAF camouflage and markings. Upper surface camouflage colours: Ocean Grey and Dark Green, under surface colour: Medium Sea Grey. Standard British national markings. Polish national marking on both sides of forward fuselage, with 'POLAND' stencil below.

Mustang III, serial FX865, (P-51B-1-NA, s/n 43-12317), PK+X of 315 Polish Squadron, June 1944.

● Standard RAF camouflage and markings. Upper surface camouflage colours: Ocean Grey and Dark Green); under surface colour: Medium Sea Grey. Standard British national markings. Polish national marking on both sides of forward fuselage, with 'POLAND' stencil below. Fuselage tank was not installed.

Artur Juszczak

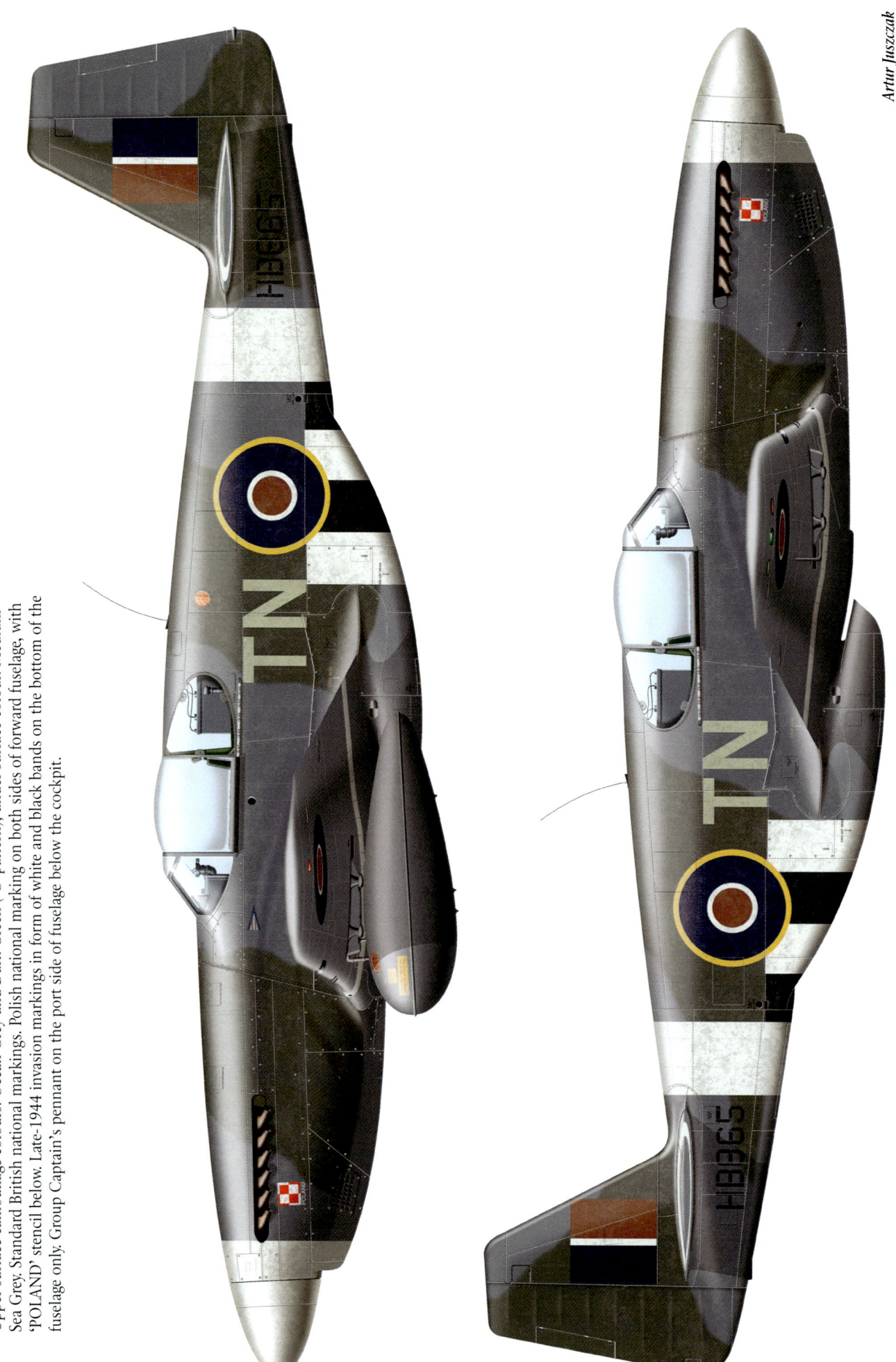

Artur Juszczak

Mustang III (P-51C-5-NT, s/n 42-103775) HB886/TN of No. 133 Wing Officer Commanding, G/Cpt Tadeusz Nowierski, October 1944.

- Upper surface camouflage colours: Ocean Grey and Dark Green ('C' pattern); under surface colour: Medium Sea Grey. Standard British national markings. Polish national marking on both sides of forward fuselage, with 'POLAND' stencil below. Late-1944 invasion markings in form of white and black bands on the bottom of the fuselage only. Group Captain's pennant on the port side of fuselage below the cockpit.

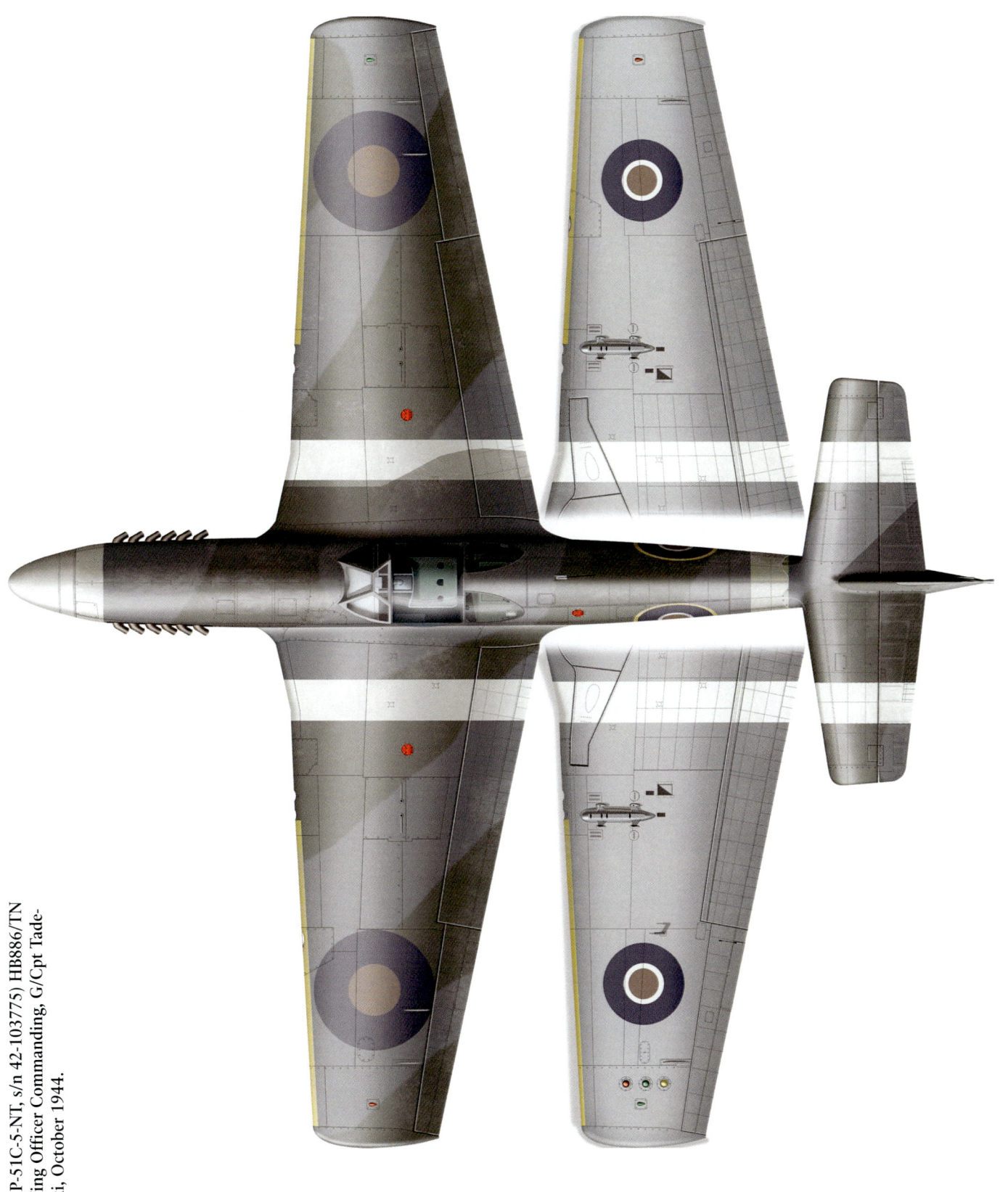

Mustang III (P-51C-5-NT, s/n 42-103775) HB886/TN of No. 133 Wing Officer Commanding, G/Cpt Tadeusz Nowierski, October 1944.

Artur Juszczak

Artur Juszczak

Mustang III (P-51C-5-NT, s/n 42-103710) HB861/UZ-B, No. 306 Squadron, late 1944.

● Upper surface camouflage colours: Ocean Grey and Dark Green ('A' pattern); under surface colour: Medium Sea Grey. Standard British national markings. Polish national marking on both sides of forward fuselage, with 'POLAND' stencil below. Late-1944 invasion markings in form of white and black bands on the bottom of the fuselage only. 'Dancing girl' personal emblem below the windscreen, port side only.

Mustang III (P-51C-5-NT, s/n 42-103692) HB843/UZ-I, No. 306 Squadron, 1946.

● Natural metal overall. Standard British national markings. Polish national marking on both sides of forward fuselage, with 'POLAND' stencil below. No. 306 Sqn badge below the windscreen on both sides of the fuselage. Additional unit marking: forward section of the propeller spinner painted red. Fuselage tank was not installed.

Mustang III, (P-51C-10-NT, s/n 44-10823), serial KH466, 9G-Y of 441 Squadron RCAF, UK 1944.

● Aircraft in standard RAF camouflage. Upper surface camouflage colours: Ocean Grey and Dark Green; under surface colour: Medium Sea Grey. Standard British national markings. Note traces of the antiglare panel behind the exhaust.

Mustang III, (P-51C-10-NT, s/n 44-11130), serial KH618, CV-J of 3 Squadron RAAF, Italy 1944.

● Aircraft in standard RAF camouflage. Upper surface camouflage colours: Ocean Grey and Dark Green; under surface colour: Medium Sea Grey. Standard British national markings.

Artur Juszczak

15

Opisy malowań.

- ## Str. 8

Mustang III, serial FB182, zbudowany jako P-51C-1-NT, s/n 42-103076, a następnie przebudowany na wersję rozpoznawczą. Samolot należał do No. 541 Squadron w czerwcu/lipcu 1945 roku. Samolot był całkowicie niebieski PRU z oznaczeniami RAF i pasami inwazyjnymi. Brak zbiornika paliwa w kadłubie.

Mustang III, serial FX893, (zbudowany jako P-51B-1-NA, s/n 43-12382), podczas testów z brytyjskimi szynami rakietowymi. Kolory malowania górnych powierzchni: Ocean Grey i Dark Green (wzór „C”); kolor dolnej powierzchni: Medium Sea Grey. Standardowe brytyjskie oznaczenia. Brak zbiornika paliwa w kadłubie.

- ## Str. 9

Mustang III, serial FB328, (P-51C-1-NT, s/n 42-103258), No. 112 Squadron RAF, Włochy, 1944. Standardowe malowanie i oznaczenia RAF.

Mustang III, serial FX865, (P-51B-1-NA, s/n 43-12317), oznaczenie YT-P z No. 65 Squadron RAF, sierpień 1944. Zazwyczaj pilotowany przez F/Lt Johna „Maxwella” Wauchope'a. Warto zaznaczyć, że ten P-51B-1-NA otrzymał, podczas przeglądu, osłony na filtry powietrza. Standardowe malowanie i oznaczenia RAF. Brak zbiornika paliwa w kadłubie.

- ## Str. 10

Mustang III, serial FB113, (P-51B-5-NA, s/n 43-6672), oznaczenie QV-H z No. 19 Squadron RAF, 1944. Standardowe malowanie i oznaczenia RAF.

Mustang III, serial HB866, (P-51C-5-NT, s/n 42-103715), oznaczenie JZ. Osobisty samolot W/Cdr Jana Zumbacha, gdy dowodził 2nd Polish Wing (No. 133 Wing). Standardowe malowanie i oznaczenia RAF.

- ## Str. 11

Mustang III, serial FB382, (P-51C-5-NT, s/n 42-103532), oznaczenie PK+G z No. 315 Squadron PAF, osobisty samolot S/Ldr Eugeniusza Horbaczewskiego, lato 1944. Standardowe malowanie i oznaczenia RAF.

Mustang III, serial FX865, (P-51B-1-NA, s/n 43-12317), oznaczenie PK+X z No. 315 Squadron PAF, czerwiec 1944. Standardowe malowanie i oznaczenia RAF. Brak zbiornika paliwa w kadłubie.

- ## Str. 12

Mustang III (P-51C-5-NT, s/n 42-103775) HB886/TN dowódcy No. 133 Wing, G/Cpt Tadeusza Nowierskiego, październik 1944. Standardowe malowanie i oznaczenia RAF. Polskie oznaczenia po obu stronach przedniej części kadłuba, z napisem „POLAND" poniżej. Późne oznaczenia inwazyjne z 1944 roku w formie białych i czarnych pasów tylko na dole kadłuba. Proporzec dowódcy grupy na lewej stronie kadłuba poniżej kokpitu.

- ## Str. 13

Mustang III (P-51C-5-NT, s/n 42-103775) HB886/TN dowódcy No. 133 Wing, G/Cpt Tadeusza Nowierskiego, październik 1944.

- ## Str. 14

Mustang III (P-51C-5-NT, s/n 42-103710) HB861/UZ-B, No. 306 Squadron, koniec 1944 roku. Standardowe malowanie i oznaczenia RAF. Polskie oznaczenia po obu stronach przedniej części kadłuba, z napisem „POLAND" poniżej. Późne oznaczenia inwazyjne z 1944 roku w formie białych i czarnych pasów tylko na dole kadłuba. Osobisty emblemat w formie tańczącej dziewczyny poniżej przedniej szyby, tylko po stronie lewej.

Mustang III (P-51C-5-NT, s/n 42-103692) HB843/UZ-I, No. 306 Squadron, 1946 rok. Samolot w kolorze naturalnego metalu. Standardowe brytyjskie oznaczenia. Polskie oznaczenia narodowe po obu stronach przedniej części kadłuba, z napisem „POLAND" poniżej. Odznaka No. 306 Sqn poniżej przedniej szyby po obu stronach kadłuba. Dodatkowe oznaczenie jednostki: przednia część osłony śmigła pomalowana na czerwono. Brak zbiornika paliwa w kadłubie.

- ## Str. 15

Mustang III (P-51C-10-NT, s/n 44-10823), serial KH466, oznaczenie 9G-Y z No. 441 Squadron RCAF, Wielka Brytania 1944. Samolot w standardowym maskowaniu RAF. Widać ślady po mocowaniu panelu zasłaniającego płomienie z rur wydechowych.

Mustang III (P-51C-10-NT, s/n 44-11130), serial KH618, oznaczenie CV-J z No. 3 Squadron RAAF, Włochy 1944. Samolot w standardowym maskowaniu RAF.